Le
25 Octobre
1898

RÉPUBLIQUE FRANÇAISE

LIBERTÉ — ÉGALITÉ — FRATERNITÉ

VILLE DE PARIS

LES FÊTES de la

Municipalité de Paris

Inauguration

du

Musée Henri Cernuschi

IMPRIMÉ A L'ÉCOLE MUNICIPALE ESTIENNE

Octobre 1899

CONSEIL MUNICIPAL DE PARIS

INAUGURATION

DU

MUSÉE HENRI CERNUSCHI

(5)

RELATION OFFICIELLE

de l'inauguration

DU

MUSÉE HENRI CERNUSCHI

PAR

LE CONSEIL MUNICIPAL DE PARIS

LE

MERCREDI 26 OCTOBRE 1898

PARIS

IMPRIMERIE DE L'ÉCOLE MUNICIPALE ESTIENNE

18, BOULEVARD D'ITALIE, 18

1899

(5)

CONSEIL MUNICIPAL
DE PARIS

INAUGURATION DU
Musée Henri Cernuschi

26 Octobre 1898

ADMINISTRATION

DE

LA VILLE DE PARIS ET DU DÉPARTEMENT DE LA SEINE

PRÉFET DE LA SEINE : M. DE SELVES.

Secrétaire général de la Préfecture de la Seine : M. BRUMAN.

PRÉFET DE POLICE : M. CHARLES BLANC.

Secrétaire général de la Préfecture de Police : M. LAURENT.

SERVICES ADMINISTRATIFS

DIRECTEUR des Finances : M. FICHET.
—   de l'Enseignement primaire : M. BEDOREZ.
—   de l'Assistance publique : M. le Dr NAPIAS.
—   de l'Octroi : M. DELCAMP.
—   du Mont-de-Piété : M. DUVAL.
—   des Affaires municipales : M. MENANT.
—   des Affaires départementales : M. LE ROUX.
—   des Travaux : M. DEFRANCE.
—   des Services d'Architecture et des Promenades : M. BOUVARD.

SERVICES TECHNIQUES

SERVICE des Eaux : M. HUMBLOT, inspecteur général des Ponts et Chaussées.
—   de la Voie publique : M. BOREUX, ingénieur des Ponts et Chaussées.
—   des Égouts : M. BECHMANN, ingénieur des Ponts et Chaussées.

SECRÉTARIAT DES CONSEILS MUNICIPAL ET GÉNÉRAL

CHEF DE SERVICE : M. F.-X. PAOLETTI.

INAUGURATION

DU

MUSÉE CERNUSCHI

Depuis une vingtaine d'années, une très grande impulsion a été donnée en France aux études asiatiques, par suite de l'intérêt qui s'attache à la connaissance des choses concernant notre nouvel empire colonial d'extrême Orient.

Déjà les trésors accumulés au Musée du Louvre et la haute valeur de l'enseignement donné par l'École des langues orientales et par l'École du Louvre avaient conquis une place enviée à Paris pour les hautes études d'archéologie égyptienne et assyrienne, ainsi que pour les études de philologie savante.

Le transfert à Paris, en 1885, du Musée fondé à Lyon en 1879 par M. Émile Guimet (au retour de la mission qui lui avait été confiée en 1876 pour aller étudier les religions de l'extrême Orient) et la

2

création dans ce Musée d'une bibliothèque qui compte déjà plus de dix-huit mille volumes de philologie, d'hiérographie, d'art indo-chinois, de critique religieuse, d'histoire, de voyages, etc., ont de même assigné à Paris une place prépondérante dans la science des religions asiatiques et de l'art indo-chinois.

Les savants groupés autour de cet incomparable centre d'études n'ont pas seulement contribué à jeter un vif éclat sur l'histoire des religions, ils ont familiarisé les yeux de nos artistes et de nos artisans d'art avec les conceptions esthétiques des ouvriers ou des artistes des Indes, de la Chine, du Japon et de tout l'extrême Orient. Les chefs-d'œuvre exotiques n'ont pas été sans influence sur les essais de renouvellement des formules d'art qui marquent l'époque présente et qui, peut-être, réussiront enfin à rajeunir, à rénover nos productions parisiennes, à les affranchir de la copie des styles anciens, à créer un véritable art nouveau.

C'est à cette dernière préoccupation que répond le Musée d'art oriental légué à la Ville de Paris par un généreux collectionneur, M. Henri Cernuschi.

Ce Musée contient une série complète de pièces précieuses et rares, d'une inestimable valeur, formant un résumé de l'art chinois et japonais à toutes les époques, choisies avec un goût parfait.

Il est installé dans l'hôtel qu'habitait Henri Cernuschi, avenue Velasquez, et qui fut légué à la Ville de Paris avec les collections qu'il renfermait.

L'inauguration de ce Musée a eu lieu le mercredi 26 octobre 1898, à 3 heures après midi, sous la présidence de M. Léon Bourgeois, ministre de l'Instruction publique et des Beaux-Arts.

Les discours suivants ont été prononcés :

Discours de M. le Dr Navarre

PRÉSIDENT DU CONSEIL MUNICIPAL DE PARIS

MONSIEUR LE MINISTRE,

Je vous remercie, au nom du Conseil municipal, d'avoir bien voulu accepter la présidence de cette cérémonie. Vous nous donnez ainsi une nouvelle preuve de la sollicitude que vous portez à tout ce qui intéresse Paris. Nous n'ignorons pas, d'ailleurs, combien vous passionne l'art oriental dans toutes ses manifestations, et aucune fête ne peut être plus chère au cœur d'un indianiste que celle d'aujourd'hui.

MESSIEURS,

Ma première parole ne doit être qu'un hommage de profonde reconnaissance à la mémoire de Henri Cernuschi.

Au milieu de la multitude d'objets d'art qui composent l'incomparable collection réunie par ses soins, dans cet hôtel construit avec amour pour loger ces merveilles qu'il a léguées au peuple de Paris, notre pensée se reporte, dans sa gratitude, à la noble figure de Cernuschi et, avant de parler de l'œuvre, il n'est que juste de parler de l'homme.

Henri Cernuschi naquit à Milan, en 1820; c'est dire que, s'il devint tout à fait Français plus tard, il était, de naissance, presque aussi Français qu'Italien.

La vieille capitale lombarde a tant de fois accueilli fraternellement nos troupes, son histoire a été si souvent mêlée à la nôtre, ses aspirations vers la liberté ont éveillé chez nous tant de sympathies, que l'union morale du Milanais et de la France s'est affirmée par la volonté des deux peuples, en dépit des obstacles géographiques et des combinaisons de la politique.

Il n'est pas à l'étranger de ville plus française que Milan; il n'en est pas où notre influence ait marqué plus visiblement son empreinte.

En 1848, aux échos de notre Révolution, qui lance dans le monde la parole de liberté, Milan se soulève contre la domination autrichienne et réclame la délivrance de la Lombardie. Cernuschi est un des chefs du mouvement et il conquiert par son courage et sa hauteur de vues une influence considérable sur ses compatriotes. Malheureusement, les Piémontais interviennent sous la conduite de Charles-Albert, et Cernuschi, républicain intransigeant et clairvoyant, qui devine et redoute les projets de l'ambitieuse maison de Savoie, dont il restera pendant toute sa vie l'irréconciliable adversaire, quitte la Lombardie et va rejoindre la poignée de braves qui, à Rome, proclament la République.

Hélas ! la République romaine ne tarde pas à succomber; Garibaldi est chassé, et c'est contre une armée française, alliée aux troupes pontificales, que Cernuschi, représentant du peuple romain, défend la ville jusqu'à la dernière minute.

Arrêté par les amis du pape, jeté au château Saint-Ange, il y reste plus d'une année, jusqu'au moment où l'autorité militaire française le réclame comme son prisonnier. Traduit devant un conseil de guerre, il fut accusé de toutes les infamies : vol, brigandage et même fabrication de fausse monnaie, accusation assez piquante appliquée au futur champion du bimétallisme. L'absurdité de toutes ces inventions était si manifeste que le conseil de guerre rendit un verdict d'acquittement. Mais les hommes d'Église ne lâchent pas facilement leur proie; ils s'acharnèrent contre Cernuschi, rééditèrent leurs infâmes calomnies et, finalement, obtinrent la cassation du jugement. Le vaillant républicain fut traduit devant un nouveau conseil de guerre, qui confirma purement et simplement la première sentence. Vers la fin de sa vie, Cernuschi rappelait encore avec émotion que, parmi les juges de ce deuxième conseil de guerre, siégeait un officier fourriériste qui, indigné de l'odieuse imbécillité des chefs d'accusation relevés contre un détenu politique, lui prêta spontanément son appui cordial.

La virulence des adversaires de Cernuschi et leur mauvaise foi avaient été si grandes que les autorités françaises ne crurent pas prudent de le laisser retomber entre les mains du Gouvernement pontifical. Il fut transporté en France et interné pendant quelque temps dans une ville de province. Bientôt libéré, il fut autorisé à venir habiter Paris.

Sa famille avait été ruinée par la Révolution et lui-même était sans ressources; il entra comme petit employé au Crédit mobilier, où ses brillantes aptitudes ne tardèrent pas à être remarquées.

Il acquit rapidement dans le monde financier une grande réputation.

Mais la fortune ne change pas le cœur des hommes comme Cernuschi, et le banquier millionnaire de 1870 restait aussi ardemment dévoué aux idées républicaines que l'insurgé lombard de 1848. Lui, qui avait quitté son pays pour se soustraire à la domination de la maison de Savoie, il eût été heureux de voir la France, sa chère patrie d'adoption, se débarrasser du régime impérial, dont les folies la conduisaient aux plus effroyables aventures. Le plébiscite vint lui permettre de manifester ses sentiments. Les députés de Paris avaient formé le Comité de la rue de la Sourdière pour lutter contre le Gouvernement impérial; Cernuschi fit parvenir à ce Comité une souscription de 100.000 francs. Le ministère Ollivier saisit aussitôt cette occasion de sévir contre un des plus fermes défenseurs du droit et de la liberté. Cernuschi fut expulsé de France.

Mais les événements tragiques allaient se précipiter, et, au lendemain de Sedan, il pouvait rentrer parmi nous, juste à temps pour prendre part à la révolution du 4 septembre.

C'est à ce moment que, par une touchante et généreuse pensée, d'un caractère bien filial, il voulut donner à sa patrie adoptive, accablée de revers, une preuve de son profond attachement. Il demanda sa naturalisation, que le Gouvernement de la Défense nationale lui accorda avec joie, sans délai.

Permettez-moi, Messieurs, de passer rapidement sur les jours sombres qui suivirent. Arrêté avec son ami, M. Théodore Duret, par les troupes de Versailles, au moment où il se rendait à Sainte-Pélagie pour visiter son autre ami Chaudey, il faillit être fusillé et dut son salut à un colonel, qui le reconnut et le fit réclamer au moment où on l'adossait à un mur, en face de la prison.

Profondément attristé par cette terrifiante suite de catastrophes, Cernuschi résolut de partir pour un grand voyage en compagnie de M. Théodore Duret, qui fut pendant de longues années son collaborateur dévoué et à qui nous sommes heureux d'adresser ici l'hommage de notre gratitude.

Les deux voyageurs visitèrent d'abord les États-Unis d'Amérique, puis ils se rendirent au Japon par San-Francisco et le Pacifique.

Un jour, au cours d'une de leurs promenades à travers les rues d'une ville japonaise, un marchand leur proposa de leur vendre des bronzes. Frappés de la beauté des pièces qui leur étaient offertes, ils acceptèrent, et l'idée leur vint de tenter de réunir une collection. Lorsque la possibilité de réaliser cette pensée leur fut démontrée, ils résolurent de la poursuivre avec méthode, de façon à constituer un ensemble présentant vraiment une histoire complète de l'art chinois et japonais. Telle fut l'origine de l'intéressant Musée que nous inaugurons aujourd'hui. Non seulement il contient les

pièces les plus rares et les plus précieuses au double point
de vue de la perfection artistique et de la valeur histo-
rique et documentaire, mais encore on y trouve une série
ininterrompue de bronzes représentant l'art chinois et
japonais à toutes les époques. Il n'y a pas de lacune
dans cette collection ; et, tandis que l'artiste et l'ouvrier
d'art peuvent y admirer les formes les plus pures et les
procédés de fabrication les plus savants, l'érudit et l'his-
torien peuvent y recueillir les renseignements les plus
complets et les plus intéressants sur l'évolution esthé-
tique, philosophique et sociale des grands peuples de
l'extrême Orient.

Après le Japon, la Chine fut visitée par Cernuschi
et, de Pékin, de Canton, de Yang-Tu, partaient inces-
samment d'immenses caisses qui rapportaient en France
les dépouilles des boutiques de marchands, des maisons
de particuliers et, même, des temples de dieux !

De retour à Paris, Cernuschi, ayant jusqu'alors habité
un appartement relativement modeste, songea à cons-
truire pour sa collection un monument où elle pût être
mise en valeur dans tout son éclat. Il se mit à l'œuvre,
et, avec une rapidité extraordinaire, le magnifique hôtel
que nous admirons fut édifié. C'est là, au milieu des
objets familiers, qu'il finit ses jours, entouré du respect
et de l'affection de tous les hommes de cœur, après
avoir fait dès longtemps le projet de léguer à la Ville de
Paris l'incomparable Musée dont nous ouvrons aujour-
d'hui les portes, afin que ses artisans et ses artistes
puissent venir y puiser une inspiration ; ses savants, un
enseignement ; son peuple tout entier contempler les
vestiges des civilisations antiques.

Cernuschi avait été profondément séduit par les productions superbes de l'art oriental; mais son intelligence à la fois si ferme et si douce n'avait pas été moins captivée par la haute philosophie qui a été presque l'unique inspiratrice de toutes ces belles œuvres.

C'est sous le calme et majestueux regard du Bouddha colossal que Cernuschi a vécu toute la dernière partie de sa vie, et il semble qu'il ait emprunté au « sage qui accomplit toutes choses » un peu de sa sérénité suprême.

C'est qu'il n'est pas de philosophie plus bienveillante, de morale plus pure, d'enseignement éducateur plus élevé, de religion — si ce mot peut être appliqué au bouddhisme — plus tolérante que la doctrine de Çakya-Mouni.

Sans doute, dans notre société moderne, que seule la science positive entraîne et dirige, et dont elle s'est emparée de façon désormais définitive, il n'y a plus de place pour aucun système ayant pour base une métaphysique quelconque; sans doute, ceux qui rêvent l'introduction parmi nous d'une sorte de néo-bouddhisme ont oublié qu'il faut à notre période d'évolution une autre nourriture intellectuelle que la mystique aspiration vers l'indifférence universelle aboutissant à l'anéantissement; sans doute, l'activité cérébrale, l'intensité de vie qui est la condition nécessaire du progrès ne sauraient laisser s'implanter une philosophie qui prêche l'inutilité de l'effort et de la lutte et place la perfection idéale dans l'immobilité; car, là où l'esprit d'un peuple ne sait pas s'assurer un fond solide dans la ferme et claire réalité de la vie courante, là où il s'abandonne sans contrepoids

3

à la prépondérance excessive de la méditation et du rêve, la spéculation, avec ses déductions logiques ou présumées telles, acquiert bientôt une influence incalculable : c'est d'elle que dépendra, en grande partie, la décision que prendront les individus aussi bien que le peuple tout entier sur la question de savoir si cette vie vaut la peine d'être vécue.

« Ivre de surnaturel, dit Renan, égarée par le goût dangereux qu'elle a de jouer avec l'infini et de se perdre en de folles énumérations, l'Inde pousse à l'extrême sa chimère et viole ainsi la première règle de la fantaisie religieuse, qui est de délirer avec mesure et de feindre selon les analogies d'une certaine vérité. »

Mais toutes ces raisons décisives ne doivent pas nous rendre injustes envers le bouddhisme et ne peuvent atténuer notre admiration pour son rôle puissamment civilisateur.

Une religion, qui a opposé au régime des castes du brahmanisme le principe de l'égalité originelle, non seulement de tous les hommes, mais de tous les êtres vivants, qui a substitué la prédication et l'exemple des plus hautes vertus à la force comme moyen de propagande, qui a pu adoucir jusqu'à la rendre inoffensive la barbarie féroce des peuplades mongoles et tartares, qui a placé l'homme vertueux au-dessus des dieux, qui a prêché l'altruisme jusqu'au sacrifice complet de la personnalité ; une doctrine, enfin, qui, en pleine civilisation primitive, n'établissait entre les hommes d'autres distinctions que celles de la science et de la vertu, a droit à notre respect et à notre unanime approbation.

« Ne pense pas, disait Bouddha six cents ans avant

le Christ, ne pense pas, ne dis jamais que ta religion est la meilleure. Ne critique jamais la religion des autres. » Belle parole de tolérance, qu'il est bon de rappeler à l'heure même où de haineux sectaires soufflent la discorde parmi nous et voudraient ramener nos concitoyens aux jours maudits des guerres de religion !

Cette morale, la plus pure qui ait été enseignée à l'humanité, fut enseignée par des hommes aux yeux desquels les dieux n'étaient que des ombres vaines et qui n'élevaient d'autels à aucune divinité.

Ce fils de roi, devenu mendiant pour partager la misère des foules et leur enseigner la charité, est un des plus grands charmeurs qui aient régné sur le monde.

Nous sommes, Messieurs, les héritiers des siècles passés, c'est pour nous léguer un patrimoine de connaissances toujours plus nombreuses, de lumières toujours plus grandes, que d'innombrables générations d'ancêtres ont travaillé et souffert.

De ces ancêtres, vers lesquels notre pensée remonte, les premiers propagateurs du bouddhisme sont parmi les plus grands et nous avons le devoir d'honorer leur mémoire. C'est presque un temple à la gloire de Bouddha et de ceux qu'inspira sa doctrine que Cernuschi a élevé à cette place et qu'il lègue pieusement au peuple de Paris.

Paris comprend et s'assimile toutes les hautes pensées. Il viendra ici, comme en pèlerinage, évoquer les générations disparues, se solidariser avec elles, et, touchant du doigt la chaîne qui les unit dans la nuit des temps, il leur payera un juste tribut de reconnaissance et d'admiration.

M. de Selves, préfet de la Seine, a pris la parole en ces termes :

Discours de M. le Préfet de la Seine

Dans cette maison, due à la générosité d'un ami de la France et de Paris, nous sommes particulièrement heureux, Monsieur le Ministre, de saluer votre présence.

Nul mieux que vous n'était qualifié pour présider à l'inauguration de notre Musée Cernuschi.

Les sympathies qui entourent votre nom au sein de notre Assemblée municipale, aussi bien que vos connaissances en art d'extrême Orient, nous portaient à souhaiter, entre toutes, votre venue dans cette salle même du Bouddha, la plus importante du Musée.

Vous êtes ici, Monsieur le Ministre, comme dans un temple véritable de la sagesse et j'aurais trop à faire si, pour vous en donner la preuve, je devais vous énumérer tous les Bouddhas qui y sont réunis.

Ce n'est pas à vous, en effet, qu'il est besoin de dire les êtres que ce titre exprime :

Êtres symboliques qui synthétisent l'extrême sagesse, la suprême intelligence avec le pouvoir d'initiation des autres à cette sagesse ; ils abondent véritablement ici.

Assis sur le lotus sacré, ils vont désormais veiller sur notre grand Paris et y répandre à profusion, sans nul doute, l'esprit de pondération si complètement déposé en eux.

Aussi, Monsieur le Ministre, sous leur palladium avons-nous la perspective de devenir et de rester la cité la plus complètement sage et la mieux judicieusement pondérée qui se soit jamais vue et se puisse rêver.

D'aucuns disent qu'on ne nous reconnaîtra plus, mais ce sont de mauvaises langues qui ne méritent aucun crédit.

Si je suis incapable de vous présenter tous les nombreux Bouddhas qui nous entourent et surtout de vous narrer les mérites éclatants de chacun, vous me permettrez cependant de vous parler de l'un d'entre eux, de celui qui les surveille et les domine tous.

Il est ici véritablement le maître de la maison.

Je désire ne point encourir son courroux, bien vivre avec lui, éviter des conflits toujours désagréables.

Je vais donc vous conter son histoire, ses hauts faits.

S'ils vous paraissent parfois inexacts, ne m'en veuillez pas, je n'ai pas le mérite de les avoir découverts.

Le Bouddha qui nous domine s'appelait de son vrai nom Siddhârtha, mais ce nom disparut pour céder la place à celui de Çakya-Mouni (ou le Solitaire).

Il paraît qu'il est né six cents ans environ avant notre ère, au pied de l'Himalaya. Sa mère mourut sept ans après qu'il fut sorti de son sein par le côté droit. Il y était, paraît-il, entré dix mois auparavant de la même manière.

Dès ses premières années, il donna des preuves éclatantes de précocité et de supériorité, et le grand maître de l'Université devant lequel je parle ne pourrait citer aucun élève ayant réalisé le prodige que voici :

Lorsqu'il vint à l'école, le maître voulut lui apprendre à écrire; mais il fit aussitôt, au grand saisissement de

ce maître, l'énumération de soixante-quatre espèces
d'écritures dont celui-ci n'avait jamais entendu parler.

Devenu homme, il se maria et, s'il faut en croire la
légende, il eut quatre-vingt mille épouses.

Il fut malheureux en ménage, dit-elle. Combien
triste fut son sort, s'il faut multiplier ses malheurs par
le nombre de ses épouses !

Aussi il s'enfuit une nuit du palais et, après avoir
pendant un temps suivi l'enseignement parmi les sages
brahmanes, il se retira dans la solitude.

Il s'assit au pied d'un figuier, les jambes croisées,
dans l'attitude où vous le voyez, et résolut de ne quitter
cette position que le jour où il aurait acquis la connaissance parfaite de la vérité.

Touché par la grâce et après avoir victorieusement
subi les attaques de l'esprit du mal, il s'en fut enfin
répandre sa doctrine, qui s'étendit à l'Inde tout entière,
à la Chine et au Japon et qui a nom « le bouddhisme ».

Il fut un prodige de sobriété. Un jour cependant il
fit un repas de viande et en mourut. Il avait quatre-
vingts ans.

Voilà son image désormais appelée ici à présider les
merveilles de l'art chinois et japonais que la Ville de
Paris doit à la généreuse pensée de M. Cernuschi.

Le bouddhisme s'en va-t-il ?

En tout cas, le vieux Japon, le Japon japonais,
comme dit M. Duret, s'en va. La nouvelle École japonaise se transforme sous l'influence européenne, don-
nant ainsi à la merveilleuse collection de M. Cernuschi,
dont la plupart des pièces datent des époques de splendeur
de l'art en extrême Orient, une valeur artistique de plus.

L'instinct de l'art, a-t-on dit, est aussi naturel à l'homme que l'instinct de la conservation.

En même temps qu'il travaille à la satisfaction de ses besoins ou à sa défense, il crée un art.

Il est ornemaniste avant d'être potier : industriel par besoin, il se révèle artiste par instinct.

Ce souci de l'art, la Ville de Paris cherche à le satisfaire et à le développer.

Son Musée Galliera, le palais des Beaux-Arts que l'Exposition lui donnera en seront des manifestations.

A côté d'eux, les adeptes de l'art d'extrême Orient trouveront dans la jolie demeure que nous consacrons à l'art des documents précieux, car la collection comprend, tant en bronzes qu'en porcelaines, faïences, meubles, dessins, livres, etc., quinze cent cinq pièces du Japon, huit cent cinquante-six de la Chine et soixante-quinze de l'Inde.

Aussi Paris reconnaissant offre-t-il à la mémoire de son bienfaiteur un pieux et durable souvenir, et vous remercie-t-il d'avoir consenti à placer l'inauguration du Musée qui perpétuera le nom de Cernuschi sous votre haut patronage.

Allocution de M. le Ministre de l'Instruction publique et des Beaux-Arts

M. Léon Bourgeois, ministre de l'Instruction publique et des Beaux–Arts, a ensuite pris la parole.

Dans une éloquente improvisation, il a tout d'abord rendu hommage à la mémoire de Henri

Cernuschi, puis il a apprécié le rôle du bouddhisme dans l'histoire de l'humanité et montré son action éminemment civilisatrice.

Le Ministre a terminé sa brillante allocution en remerciant M. Navarre, président du Conseil municipal, des services qu'il n'a cessé de rendre depuis de longues années à la Ville de Paris, notamment pendant les événements survenus au cours de sa présidence. Il a ajouté que le Gouvernement de la République avait voulu reconnaître ces services en choisissant une cérémonie municipale pour remettre à M. Navarre la croix de chevalier de la Légion d'honneur.

M. le Président du Conseil municipal a répondu en ces termes :

J'accepte avec grand plaisir cette haute distinction, parce qu'elle m'est décernée par un Gouvernement qui a courageusement combattu de tout son pouvoir pour la défense de la liberté, de la justice et de la vérité.

LISTE

Par ordre d'Arrondissements et de Quartiers

DE MM. LES MEMBRES

DU CONSEIL MUNICIPAL DE PARIS

1er ARRONDISSEMENT.

Quartier Saint-Germain-l'Auxerrois.
Edmond GIBERT, ancien négociant, quai de la Mégisserie, 8.

Quartier des Halles.
Alfred LAMOUROUX, docteur en médecine, rue de Rivoli, 150.

Quartier du Palais-Royal.
Pierre LEVÉE, négociant, rue de Rivoli, 176.

Quartier de la Place-Vendôme.
DESPATYS, ancien magistrat, place Vendôme, 22.

2e ARRONDISSEMENT.

Quartier Gaillon.
BLACHETTE, représentant de commerce, rue Saint-Augustin, 33.

Quartier Vivienne.
CARON, avocat, ancien agréé, rue Saint-Lazare, 80.

Quartier du Mail.
Léopold BELLAN, négociant, rue des Jeûneurs, 30.

Quartier Bonne-Nouvelle.
REBEILLARD, joaillier-sertisseur, rue Palestro, 1.

3e ARRONDISSEMENT.

Quartier des Arts-et-Métiers.
BLONDEL, avocat, boulevard Beaumarchais, 93.

Quartier des Enfants-Rouges.
Louis LUCIPIA, publiciste, rue Béranger, 15.

Quartier des Archives.
L. ACHILLE, négociant, rue du Temple, 178.

Quartier Sainte-Avoye.
BRENOT, industriel, rue du Temple, 117.

4

4ᵉ ARRONDISSEMENT.

Quartier Saint-Merri.
OPPORTUN, ancien commerçant, rue des Archives, 13.

Quartier Saint-Gervais.
PIPERAUD, ancien chef d'institution, rue du Roi-de-Sicile, 10.

Quartier de l'Arsenal.
Charles VAUDET, homme de lettres, boulevard Morland, 14 *bis*.

Quartier Notre-Dame.
RUEL, propriétaire, rue de Rivoli, 54.

5ᵉ ARRONDISSEMENT.

Quartier Saint-Victor.
SAUTON, architecte, rue Soufflot, 24.

Quartier du Jardin-des-Plantes.
DESPLAS, avocat, rue de l'Arbalète, 34.

Quartier du Val-de-Grâce.
LAMPUÉ, propriétaire, boulevard de Port-Royal, 72.

Quartier de la Sorbonne.
André LEFÈVRE, chimiste, rue de l'École-Polytechnique, 14.

6ᵉ ARRONDISSEMENT.

Quartier de la Monnaie.
BERNIER, avocat à la Cour d'Appel, rue de Seine, 53.

Quartier de l'Odéon.
ALPY, docteur en droit, avocat à la Cour d'Appel, rue Bonaparte, 68.

Quartier Notre-Dame-des-Champs.
DEVILLE, avocat à la Cour d'Appel, rue du Regard, 12.

Quartier Saint-Germain-des-Prés.
PRACHE, avocat à la Cour d'Appel, rue Bonaparte, 30.

7ᵉ ARRONDISSEMENT.

Quartier Saint-Thomas-d'Aquin.
Ambroise RENDU, docteur en droit, avocat à la Cour d'Appel, rue de Lille, 36.

Quartier des Invalides.
Roger LAMBELIN, publiciste, rue Saint-Dominique, 30.

Quartier de l'École-Militaire.
N...

Quartier du Gros-Caillou.
Arsène LOPIN, publiciste, quai d'Orsay, 105.

8e ARRONDISSEMENT.

Quartier des Champs-Élysées.

QUENTIN-BAUCHART, avocat et homme de lettres, rue François-Ier, 31.

Quartier du Faubourg-du-Roule.

CHASSAIGNE-GOYON, docteur en droit, avocat, rue de la Boétie, 110.

Quartier de la Madeleine.

FROMENT-MEURICE, orfèvre, rue d'Anjou, 46.

Quartier de l'Europe.

Louis MILL, avocat à la Cour d'Appel, rue de Monceau, 83.

9e ARRONDISSEMENT.

Quartier Saint-Georges.

Paul ESCUDIER, avocat à la Cour d'Appel, rue Moncey, 20.

Quartier de la Chaussée-d'Antin.

Max VINCENT, avocat à la Cour d'Appel, rue de la Victoire, 58.

Quartier du Faubourg-Montmartre.

CORNET, ancien négociant, rue de Trévise, 6.

Quartier Rochechouart.

Félicien PARIS, avocat à la Cour d'Appel, rue Baudin, 31.

10e ARRONDISSEMENT.

Quartier Saint-Vincent-de-Paul.

Georges VILLAIN, publiciste, rue de Maubeuge, 81.

Quartier de la Porte-Saint-Denis.

HATTAT, négociant, rue de l'Aqueduc, 21.

Quartier de la Porte-Saint-Martin.

THUILLIER, entrepreneur de plomberie, rue de Paradis, 20.

Quartier de l'Hôpital-Saint-Louis.

FAILLET, comptable, boulevard de la Villette, 19.

11e ARRONDISSEMENT.

Quartier de la Folie-Méricourt.

PARISSE, ingénieur des arts et manufactures, rue Fontaine-au-Roi, 49.

Quartier Saint-Ambroise.

GELEZ, employé, rue du Chemin-Vert, 99.

Quartier de la Roquette.

FOUREST, médecin-vétérinaire, avenue Parmentier, 6.

Quartier Sainte-Marguerite.

CHAUSSE, ébéniste, avenue Philippe-Auguste, 64.

12e ARRONDISSEMENT.

Quartier du Bel-Air.
Marsoulan, fabricant de papiers peints, rue de Paris, 90 (Charenton).

Quartier de Picpus.
John Labusquière, publiciste, rue de Rivoli, 4.

Quartier de Bercy.
Colly, imprimeur, rue Baulant, 11.

Quartier des Quinze-Vingts.
Pierre Morel, employé, avenue Daumesnil, 207.

13e ARRONDISSEMENT.

Quartier de la Salpêtrière.
Mossot, négociant en vins, rue Lebrun, 11.

Quartier de la Gare.
Navarre, docteur en médecine, avenue des Gobelins, 30.

Quartier de la Maison-Blanche.
Henri Rousselle, commissionnaire en vins, rue Humboldt, 25.

Quartier Croulebarbe.
Alfred Moreau, corroyeur, boulevard Arago, 38.

14e ARRONDISSEMENT.

Quartier du Montparnasse.
Ranson, représentant de commerce, rue Froidevaux, 6.

Quartier de la Santé.
Hénaffe, graveur, rue de la Tombe-Issoire, 36.

Quartier du Petit-Montrouge.
Champoudry, géomètre, rue Sarette, 25.

Quartier de Plaisance.
Pannelier, photographe, avenue du Maine, 76.

15e ARRONDISSEMENT.

Quartier Saint-Lambert.
Adolphe Chérioux, entrepreneur de maçonnerie, rue de l'Abbé-Groult, 107.

Quartier Necker.
Bassinet, entrepreneur, rue de Vouillé, 47.

Quartier de Grenelle.
Ernest Moreau, forgeron, rue du Théâtre, 150.

Quartier de Javel.
Daniel, modeleur-mécanicien, rue Saint-Charles, 143.

16e ARRONDISSEMENT.

Quartier d'Auteuil.
Le Breton, ingénieur, rue Chardon-Lagache, 47.

Quartier de la Muette.
Caplain, chaussée de la Muette, 6.

Quartier de la Porte-Dauphine.
Gay, publiciste, rue de la Faisanderie, 26.

Quartier de Chaillot.
Fortin, ancien négociant, rue de l'Université, 107.

17e ARRONDISSEMENT.

Quartier des Ternes.
Paul Viguier, publiciste, avenue Carnot, 9.

Quartier de la Plaine-Monceau.
Émile Beurdeley, ingénieur des arts et manufactures, avenue Niel, 86.

Quartier des Batignolles.
Clairin, avocat à la Cour d'Appel, rue de Rome, 133.

Quartier des Épinettes.
Paul Brousse, docteur en médecine, avenue de Clichy, 81.

18e ARRONDISSEMENT.

Quartier des Grandes-Carrières.
Adrien Veber, avocat à la Cour d'Appel, rue Lepic, 53.

Quartier de Clignancourt.
Legrandais, publiciste, rue Ordener, 135 *bis*.

Quartier de la Goutte-d'Or.
Breuillé, correcteur d'imprimerie, rue Stephenson, 45.

Quartier de la Chapelle.
Blondeau, charron, rue de la Chapelle, 112.

19e ARRONDISSEMENT.

Quartier de la Villette.
Vorbe, fondeur, rue Armand-Carrel, 1.

Quartier du Pont-de-Flandre.
Brard, employé, rue de l'Ourcq, 58.

Quartier d'Amérique.
Arthur Rozier, employé, rue de la Villette, 90.

Quartier du Combat.
Grébauval, homme de lettres, rue de la Villette, 47.

20e ARRONDISSEMENT.

Quartier de Belleville.

Berthaut, facteur de pianos, rue des Couronnes, 122.

Quartier Saint-Fargeau.

Archain, correcteur typographe, rue Pelleport, 165.

Quartier du Père-Lachaise.

Landrin, ciseleur, rue des Prairies, 81.

Quartier de Charonne.

Patenne, graveur, rue des Pyrénées, 89.

Imprimerie de l'École Estienne. — M. JOUAULT, metteur en pages.

www.ingramcontent.com/pod-product-compliance
Lightning Source LLC
Chambersburg PA
CBHW060807280326
41934CB00010B/2594